AF268098

O 2443.

PROJET

DE CAPITULATION

POUR CADIX.

PROJET

DE CAPITULATION

POUR CADIX.

Par M^r B***.

Dans le traité qui termina la première guerre punique, les Romains firent jurer aux Carthaginois qu'ils ne sacrifieraient plus leurs enfants aux dieux infernaux : imitons l'exemple des Romains, et faisons jurer aux Espagnols qu'ils ne sacrifieront point à la vengeance leurs frères égarés !

PRIX, 75 CENTIMES.

PARIS,

DE L'IMPRIMERIE DE FIRMIN DIDOT,

IMPRIMEUR DU ROI, RUE JACOB, N° 24.

Tous les exemplaires de cet ouvrage seront signés par initiale, et paraphés comme il suit :

PROJET

DE CAPITULATION

POUR CADIX.

QUATRE mois se sont écoulés depuis le jour où nous sommes entrés en Espagne, et déja il ne nous reste presque plus d'obstacles à vaincre dans ce pays.

Dans l'origine, nos ennemis se flattaient de pouvoir nous résister en rase campagne; mais une courte expérience leur a démontré l'impossibilité de cette résistance, et ils se sont tous retirés dans les places fortes; et, qu'on se le persuade bien, c'est avec le désespoir dans le cœur qu'ils ont abandonné ces bois et ces montagnes, qui furent, il y a quinze ans, les derniers remparts de la liberté espagnole!

Cependant ils ne parlent point encore de se rendre; il paraît même que, sur plusieurs points, ils se préparent à une résistance opiniâtre : mais veut-on savoir le véritable motif de cette tentative désespérée? Nous allons le faire connaître.

Ils ont vu plusieurs de leurs partisans périr sous les coups d'un peuple irrité; et comme ils voient aujourd'hui ce même peuple demander à grands cris la tête de leurs chefs, ils envisagent avec effroi le sort qui les attend; et par un sentiment d'honneur que les cœurs généreux ne peuvent blâmer, ils se serrent autour d'eux pour les défendre dans ces derniers moments.

Voilà, je dois le dire, le seul motif qui a prolongé jusqu'à ce jour, et qui peut prolonger encore une résistance dont il est impossible qu'un homme de sang-froid ne voie pas aujourd'hui l'inutilité; et je suis intimement convaincu que si les Espagnols que nous combattons n'avaient devant eux que des Espagnols, ils se défendraient jusqu'au dernier moment; mais espérons qu'avec des Français pour ennemis, ils n'en viendront point à de telles extrémités; et si nous leurs offrons des conditions raisonnables, avec les égards que le guerrier doit au guerrier, espérons qu'ils renonceront à un projet que le désespoir seul a pu leur dicter.

Je ne sais pas s'il a été fait des propositions à l'armée de Cadix, et s'il lui en a été fait j'ignore de quelle nature elles sont; mais, franchement, je crois que dans l'état où se trouve aujourd'hui la cause qu'elle défend, cette armée accepterait volontiers une capitulation conçue en ces termes :

ARTICLE PREMIER.

Le Roi et tous les Princes et Princesses de la famille royale seront remis en liberté sur-le-champ.

ARTICLE II.

Le Roi reprend toute l'autorité dont il jouissait antérieurement au 7 mars 1820.

ARTICLE III.

Tous les décrets rendus en matière criminelle, civile ou administrative, depuis le mois de mars 1820, sont provisoirement maintenus, et en cas d'abrogation, les droits acquis sous leur empire seront respectés.

ARTICLE IV.

Tous les emprunts contractés pour le compte de l'état, depuis le mois de mars 1820, sont reconnus.

ARTICLE V.

Toutes les ventes de biens nationaux faites au profit de l'état, depuis le mois de mars 1820, sont reconnues; mais le Roi aura, pendant cinq ans, la faculté de se substituer au lieu et place des acquéreurs desdits biens, en leur remboursant le montant du prix qu'ils justifieront avoir payé pour leur acquisition, par acte portant date certaine, antérieure à la présente capitulation, sans qu'en aucun cas lesdits propriétaires puissent être dépossédés avant d'avoir été remboursés intégralement.

ARTICLE VI.

Dans les deux mois qui suivront sa délivrance, le Roi publiera la liste de tous les Espagnols qu'il jugera à propos d'éloigner de la péninsule, soit pour un temps limité, soit pour toujours. Lesdits Espagnols seront tenus de sortir du royaume dans le délai de quarante jours, et ils ne pourront y rentrer sans l'autorisation du Roi, sous peine d'emprisonnement perpétuel, pour les exilés à temps, et sous peine de mort pour les exilés à perpétuité.

Pourront les exilés à temps conserver la jouissance des biens qu'ils possèdent en Espagne; mais les exilés à perpétuité seront tenus de vendre les leurs dans le délai d'un an, et pareil délai leur sera accordé pour vendre ceux qui pourront leur compéter à l'avenir.

ARTICLE VII.

Les Espagnols qui ne seront point portés sur la liste mentionnée en l'article précédent, ne pourront, sous quelque prétexte que ce soit, être recherchés pour leurs opinions ou actions postérieures au 1ᵉʳ janvier 1820.

ARTICLE VIII.

Tous les officiers, sous-officiers et soldats qui désireront quitter le service, pourront se retirer sur-le-champ dans leurs foyers, et y seront admis à la retraite s'ils y ont droit par leurs années de service et campagnes, non comprises les années de service et campagnes de 1820, 1821, 1822 et 1823.

Tous les officiers, sous-officiers et soldats qui désireront rester au service, pourront y rester en prêtant individuellement le serment de bien et fidèlement servir le Roi, et toutes leurs années de service et campagnes, autres que celles de 1820, 1821, 1822 et 1823, leur seront comptées pour la retraite.

ARTICLE IX.

La présente capitulation sera applicable à tous les corps de troupes régulières ou autres, qui se soumettront à l'autorité du Roi, dans le délai d'un mois.

ARTICLE X.

Le roi de France se rend garant de l'exécution des articles IV, V, VI, VII, VIII et IX de la présente capitulation, et il promet, en outre, d'employer tous ses bons offices auprès du roi d'Espagne pour l'engager à donner à ses peuples une constitution qui puisse les garantir à l'avenir des égaremenss du pouvoir et des excès de l'anarchie.

___

Telles sont, à mon avis, les conditions qu'on pourrait offrir à l'armée de Cadix, et qui, je n'en fais aucun doute, seraient accueillies avec reconnaissance par tous ces hommes égarés qui sont aujourd'hui si près du désespoir, et qui s'estimeraient trop heureux de pouvoir se délivrer à ce prix de l'effrayante responsabilité qu'ils ont assumée sur leur tête en se constituant les gardiens de la personne sacrée de leur Roi.

Mais peut-être que mon cœur m'a égaré, et que, tout en rendant justice à la loyauté de mes intentions, les hommes d'état n'approuveront point le projet que je présente ici pour la pacification de l'Espagne : examinons-le donc avec la plus scrupuleuse attention, pour reconnaître en quoi je me suis trompé, et pour faciliter la discussion à laquelle je vais être obligé de me livrer; examinons d'abord si la France a bien le droit de proposer des conditions du genre de celles que je présente ici, et ensuite nous verrons si ces conditions peuvent être avouées par la raison.

Quant à proposer ces conditions, ou toutes autres qui paraîtraient plus convenables, c'est un droit qu'il ne me paraît pas possible de contester à la France, et en effet, lorsque le Roi de France a fait entrer ses troupes en Espagne pour y désarmer les hommes qui l'avaient entraînée dans l'abîme des révolutions et pour y ramener la paix, il s'est constitué, par ce seul fait, le mandataire, le *negotiorum gestor* de Ferdinand VII et de tous les Espagnols fidèles à l'effet de rétablir l'ordre dans leur pays; et dès lors il s'est formé entre eux un engagement tacite, un *quasi contrat*, duquel il résulte que le Roi de France devra faire tous ses efforts pour faire cesser le plus promptement possible les troubles qui affligent aujourd'hui l'Espagne, et duquel il résulte en même temps que Ferdinand et tous ses sujets devront ratifier tous les engagements que le Roi de France aura contractés pour parvenir à ce but, pour peu que ces engagements puissent être avoués par la raison; et ainsi, la seule question que j'aie réellement à examiner, c'est celle de savoir si la raison peut avouer les conditions que je viens de poser tout à l'heure, et que je désirerais voir proposées au nom de la France. Passons à l'examen de cette question.

Lorsque nous sommes entrés en Espagne, nous étions assurés d'être soutenus par une grande partie de la population, et ainsi nous devions compter que l'issue de cette guerre nous serait favorable; cependant, comme il nous était impossible de calculer au juste le degré de résistance que nous pouvions rencontrer dans ce pays et les maux que la guerre pouvait nous causer, je le dis avec franchise, si les Cortès eussent voulu faire alors à leur constitution les changements que nous leur demandions, et qu'exigeaient le repos de l'Espagne et celui de l'Europe, j'aurais dit hautement qu'il fallait s'en tenir à ces concessions et renoncer à la guerre (1). Mais, graces au ciel, presque toutes les difficultés que nous pouvions craindre alors sont aplanies aujourd'hui, et si nos ennemis nous ont opposé d'abord un peu de résistance, lorsqu'ils ont vu l'union qui règne entre nos soldats et leurs concitoyens, lorsqu'ils ont vu surtout que tous ces jeunes Français, qu'on avait si indignement calomniés dans leur esprit, n'étaient pas moins redoutables dans les combats, ni moins fidèles à leur drapeau, que les Français des grandes guerres, ils ont reconnu qu'il leur était impossible de défendre leurs provinces, et, ne songeant plus qu'à leur propre salut, ils se sont retirés à la hâte derrière les remparts de leurs forteresses, et on conçoit que, dans cette

---

(1) Qui est-ce qui aurait pu blâmer alors la conduite de la France? L'Europe? Eh! n'avait-elle pas offert, peu de temps auparavant, aux Cortès de reconnaître leur gouvernement, après qu'elles auraient fait, à leur constitution, les changemens qu'elle leur demandait? Mais Ferdinand? Eh bien, Ferdinand lui-même n'eût pas pu se plaindre de nous; car quel était notre motif, en proposant de pareils arrangements? c'était la crainte de précipiter l'Espagne dans un abîme de maux; et ce motif n'avait-il pas déja engagé Ferdinand à accepter des conditions bien autrement défavorables, au mois de mars 1820 ?

position, ils ne sont point assez redoutables pour que nous leur offrions des conditions pareilles à celles que nous leur offrîmes il y a quatre mois.

Cependant, ils ne sont point encore dans une position assez désespérée pour que nous puissions exiger d'eux qu'ils se rendent sans condition : plusieurs forteresses du premier rang tiennent encore pour eux ; et, pour les réduire, il faudrait un blocus très-long et très-dispendieux, ou il faudrait livrer à la destruction des cités populeuses et florissantes : et d'ailleurs, qui pourrait prévoir les résultats d'une pareille sévérité ; et si nous poussions au désespoir tous ces hommes exaltés qui tiennent aujourd'hui leur Roi en captivité?.... Ah! cette considération suffit seule pour nous déterminer ; et, si nos ennemis ne nous demandent que des conditions comme celles que je viens de poser tout à l'heure, je crois que nous ne devons faire aucune difficulté de les leur accorder. Car, si elles suffisent aux vaincus, il me semble qu'elles doivent aussi suffire aux vainqueurs, parce qu'elles sont très - propres à nous faire atteindre le but que nous nous sommes proposé en commençant la guerre, c'est-à-dire, le rétablissement de l'ordre en Espagne.

Mais, me dit-on, avec ce système de douceur, vous n'en finirez jamais avec les révolutions : cet exil auquel vous condamnez, pour toute peine, les chefs de la révolution espagnole, n'est en définitive qu'un brevet d'impunité; et ces concessions que vous leur faites au sujet des emprunts et des biens nationaux, sont des primes d'encouragement pour tous les révolutionnaires à venir. Ce n'est point ainsi qu'on doit combattre de pareils ennemis; et, si vous voulez n'avoir plus rien à craindre de tous ces hommes aujourd'hui si dangereux, qui semblent se jouer avec les révolutions, il faut les effrayer par les plus terribles châtiments!

Et on pense qu'avec des châtiments on pourrait facilement vaincre les révolutions; mais, quant à moi, je ne le pense pas, ou du moins, je fais une très-grande différence entre les pays qui ne sont jamais tombés dans l'abîme des révolutions, et ceux qui, après y être tombés, en ont été retirés.

Dans les pays où il n'y a point eu de révolution, il peut bien se trouver quelques-uns de ces hommes systématiques qui ne voient le bonheur du genre humain que dans le triomphe de deux ou trois principes, et qui, pour faire triompher ces principes, ne feraient aucune difficulté de hasarder leur existence, celle de leur famille, et celle de leur patrie même dans les orages qui accompagnent toujours les révolutions; mais, pour peu que le gouvernement soit doux, et qu'il n'irrite point les passions par des vexations particulières, le nombre des hommes qui chercheront à renverser l'ordre établi sera certainement très-peu considérable. Cependant, si vous les laissiez agir en toute liberté, ils pourraient bien un jour devenir très-dangereux pour vous, en séduisant un grand nombre de vos citoyens par l'appât des nouveautés que prêche leur funeste éloquence. Ayez donc les yeux incessamment ouverts sur leur conduite, et, s'ils osent surtout lever contre vous l'étendard de la révolte, qu'ils soient punis sur-le-champ suivant toute la rigueur des lois; et peut-être que par ce moyen vous parviendrez à prévenir la naissance d'une révolution qui vous menace.

Mais si cette révolution éclate, et si elle prend en peu de temps assez de forces pour pouvoir vous opposer des armées et soutenir vos attaques, ce ne sera plus alors le moment d'être sévère; ne traitez plus les révolutionnaires que comme des ennemis ordinaires; faites leur une guerre franche et loyale, comme vous la feriez à un peuple voisin, et si vous êtes assez heureux pour la vaincre, après les avoir noblement combattus, gardez-vous bien encore de les traiter avec trop de sévérité, car vous verriez bientôt renaître de ses cendres une révolution que vous croiriez étouffée, et vous la verriez vous apparaître plus menaçante que jamais.

Et je le demande à tous ceux qui ont étudié l'histoire des nations. Ce que je dis ici sur la manière la plus convenable de combattre les révolutions n'est-il pas confirmé par l'histoire de tous les pays, et surtout par la nôtre? Et comment ne prêche-rais-je pas aux Espagnols la douceur et la modération après la victoire, lorsqu'il m'est démontré, avec la dernière évidence, que c'est à l'adoption de ce système que nous devons d'avoir vaincu sans retour la révolution parmi nous (1).

----

(1) Que les hommes timides s'inquiètent pour l'avenir, en voyant l'agitation qui règne quelquefois encore en France ; mais les hommes d'état ne s'y sont point trompés, et ils ont jugé depuis long-temps que la révolution était à jamais vaincue parmi nous ; et il faut bien que cette opinion soit aujourd'hui bien générale en Europe, puisque toute l'Europe nous a vus, sans inquiétude, marcher contre des révolutionnaires ! Mais quelle peut donc être la cause d'une si grande victoire ? Eh ! peut-on la chercher ailleurs que dans ce généreux système qu'a tracé la prudence de notre auguste Monarque ? Laissant à la justice divine le soin de punir les coupables, il n'a voulu voir parmi nous que des hommes égarés ; et, subjuguant tous les cœurs par cette marque d'indulgence, il a vu bientôt réunis autour de son trône tous les hommes que les illusions de la jeunesse avaient jetés dans des rangs opposés, et que le prestige de la gloire y avait retenus, mais qui n'y avaient point perdu l'amour de la vertu. Et, je le répète, c'est uniquement à l'adoption de ce généreux système que nous devons d'avoir vu s'éteindre, en peu d'années, une révolution qui, en d'autres temps peut-être, eût voué la France au malheur pour deux siècles.

Au surplus, si après cet exemple des effets de la modération dans les temps de révolution, on veut voir ce qu'y a produit la sévérité, l'histoire n'en fournit que trop d'exemples ; mais qu'on les cherche principalement dans les annales de

Je le dis donc, dans toute la sincérité de mon ame et avec l'accent de la plus intime conviction, si après leur triomphe les royalistes espagnols persécutent leurs adversaires, jamais peut-être ils ne parviendront à rétablir l'ordre dans leur pays ; mais si au contraire ils les traitent avec douceur, ou s'ils ne prennent contre eux que de ces mesures de précaution que commande la prudence, et que le bon sens d'un ennemi ne saurait blâmer, ils verront rentrer peu à peu dans la bonne route tous ces hommes exaltés dont on eût peut-être un jour égaré le cœur ; mais dont la tête seule est égarée aujourd'hui, et pour lesquels la révolution n'a été qu'une débauche d'esprit (1).

---

l'Angleterre ; car c'est dans ce pays surtout que la sévérité a été réduite en système, et si constamment déployée, qu'on a dit de lui « qu'il ne devait point avoir d'autre historien que « le bourreau ». Et si cette sévérité a perpétué la querelle de la rose blanche et de la rose rouge, pendant deux siècles ; et si elle maintient encore une si grande irritation dans l'Irlande subjuguée depuis cent trente ans ; de bonne foi, comment peut-on l'envisager en politique ?

(1) Au fait, qu'est-ce que la révolution en Espagne, et pour la plupart de ses partisans n'est-elle pas une débauche d'esprit, comme nous venons de le dire ? Des hommes doués d'une funeste éloquence ont prêché, dans ce pays, au nom de la liberté, ou pour mieux dire, au nom de l'anarchie, et ils ont fait des prosélytes, comme ils en ont fait parmi nous il y a trente ans. Mais pense-t-on que leurs doctrines aient

Ce que je viens de dire suffit, je pense, pour prouver que le système de modération que je présente pour la pacification de l'Espagne peut être avoué par la raison ; et comme j'ai prouvé plus haut que la France avait le droit de prendre toutes les mesures qu'elle jugerait convenables pour parvenir à cet important résultat, je n'ai plus rien à ajouter pour la défense de mon système en général ; mais comme dans ces sortes de choses le mal est souvent à côté du bien, et que les plans qui paraissent les mieux conçus dans leur ensemble peuvent manquer complètement dans l'exécution, s'ils présentent un seul côté faible, je vais examiner celui-ci dans tous ses détails, et je vais rechercher avec soin si parmi les articles que j'ai proposés pour amener le rétablissement de l'ordre en Espagne, il ne s'en trouve pas quelqu'un qui soit contraire à la justice ou à l'honneur ou aux principes d'une saine politique.

---

jeté des racines bien profondes dans les cœurs des Espagnols ? Pour moi, je ne le pense pas ; et, sans m'arrêter ici à présenter tous les motifs de mon opinion, si je conçois que quelques-uns de nos Français puissent s'animer encore au souvenir de tous ces orateurs brillants qui les suivaient dans les camps, et qui leur faisaient entendre les magiques accents de la liberté, jusque sous le feu de l'ennemi, je ne conçois pas quel motif pourrait porter les Espagnols à garder le souvenir de tous ces déclamateurs qu'ils n'ont aperçus que dans les clubs.

A~~rt~~. 1er. — *Le Roi et tous les Princes seront remis en liberté sur le champ.* Sur cet article il n'y a absolument rien à dire, car tout le monde conçoit bien que sans la délivrance immédiate de la famille royale, il ne peut y avoir d'arrangement d'aucune espèce.

A~~rt~~. II. — *Le Roi reprend toute l'autorité dont il jouissait antérieurement au 7 mars 1820.* Comme je l'ai dit plus haut, si au commencement de la guerre les Cortès eussent voulu faire à leur constitution les changements que nous leur demandions au nom de la raison, nous aurions reconnu leur gouvernement pour prévenir des maux dont il nous était impossible alors de prévoir la durée et l'intensité; mais elles n'ont voulu accepter aucune de ces propositions, et maintenant elles les accepteraient toutes que nous ne pourrions leur tenir aucun compte de cette tardive résipiscence. Tous les Espagnols sont indignés des violences que cette assemblée a exercées sur la personne de son Roi, et vouloir traiter avec elle, ou seulement reconnaître en principe une constitution qui a pu se prêter à de pareils attentats, ce serait pousser au désespoir tous les hommes qui se sont unis à nous, et qui ont si puissamment contribué à nos triomphes; et d'ailleurs que nous disent-ils? ils nous disent incessamment qu'ils ne veulent imposer à leur Roi aucune condition pour prix de sa délivrance; ils nous disent qu'ils ne veulent tenir que de lui les institutions nouvelles que peuvent réclamer les besoins de l'Espagne, et, s'il fut un temps où des considérations de la plus haute importance nous auraient forcés à ne remplir ces vœux qu'à demi, nous nous estimerons très-heureux de pouvoir les remplir tout-à-fait aujourd'hui, parce que nous verrons, avec tous les bons esprits, un gage de sécurité beaucoup plus grand pour les Espagnols, dans les concessions libres que leur fera un souverain éclairé, que nous n'en aurions vu dans la transaction que nous aurions été obligés de lui demander, il y a quatre mois, au nom de la nécessité.

Art. iii. — *Tous les décrets sont provisoirement maintenus*, etc. Ce serait bien vainement qu'on chercherait dans les décrets des Cortès ces grandes vues et ces systèmes brillants qui donnèrent à l'assemblée constituante un si grand ascendant sur l'esprit des Français. Cependant, parmi tous ces décrets, dictés par l'imprévoyance ou par l'injustice, il en est quelques-uns qui renferment des améliorations réelles, et, comme il ne faut jamais repousser le bien de quelque part qu'il vienne, je propose de conserver provisoirement tout l'édifice législatif bâti par les Cortès. Sans doute il est des décrets que Roi d'Espagne s'empressera d'abroger sur-le-champ, et entre autres tous ces décrets atroces qu'une fureur impuissante a lancés, au nom de la liberté, contre les hommes qui voulaient rétablir le bon ordre dans leur pays; mais il est bon qu'il ait ensuite le temps de distinguer ceux qui méritent d'être conservés de ceux qui ne le méritent pas; et si la raison applaudit à ce délai en de pareils moments, je crois qu'elle applaudira encore davantage à la disposition finale de l'article qui assure la conservation de tous les droits acquis sous l'empire des décrets révoqués.

Art. iv. — *Tous les emprunts sont reconnus.* On a beaucoup discuté, dans ces derniers temps, sur la validité des emprunts contractés par les Cortès; mais les raisons qu'on a alléguées pour en prouver l'illégalité, ne me paraissent guère fondées. Si, après le départ des ambassadeurs de Madrid, il se fût trouvé en Europe des hommes qui eussent ouvert un emprunt au profit des Cortès, je conçois qu'on pût demander la nullité de cet emprunt; et en effet, quels égards mériteraient des hommes qui se seraient ainsi déclarés les soutiens d'un gouvernement que ses excès venaient de faire repousser de la communion européenne? Mais il ne faut pas oublier que les emprunts dont il est ici question ont été contractés par les Cortès long-temps avant le moment où elles se sont mises en état d'hostilité contre toute l'Europe, et qu'ils ont eu lieu dans un temps où toute l'Europe était encore représentée par ses ambassadeurs auprès du gouvernement constitutionnel d'Espagne : et comment pourrait-on punir un Anglais ou un Français d'avoir fait avec un gouvernement que reconnaissait le gouvernement de son pays une spéculation que les lois de son pays ne lui défendaient pas?

Mais, me dit-on, les hommes qui ont contracté ces emprunts pour les Cortès se sont mis en contravention avec le droit des gens. Deux partis existaient en Espagne, le parti des Cortès, et le parti du Roi; et l'Espagne divisée entre ces deux partis était en proie à la guerre civile. Dans cet état de choses, les étrangers devaient rester neutres; et si, sans égard pour cette neutralité dont le droit des gens leur faisait une loi, ils ont fourni au parti des Cortès, par leurs capitaux, les moyens de faire une guerre plus active aux partisans du Roi, doit-on s'étonner que les partisans du Roi qui triomphent aujourd'hui ne veuillent pas reconnaître les créances des hommes qu'ils ont vus se lier si étroitement avec leurs ennemis?

Tel est le raisonnement qu'on m'oppose, et qui, j'en conviens avec franchise, me paraît très-fort en principe : mais ici il pèche par la base; car, au temps où les emprunts dont il s'agit ont été contractés, il n'y avait point en Espagne de guerre civile proprement dite. Sans doute il y avait des troubles ; et Zaldivar, Mérino, et quelques autres chefs de partisans, avaient déja pris les armes pour renverser le gouvernement des Cortès ; mais comme ils n'avaient depuis long-temps autour d'eux que quelques centaines d'hommes, les troubles que causait leur insurrection n'étaient certainement pas assez graves pour faire croire aux gouvernements étrangers que le moment était venu où ils devaient prescrire à leurs sujets la neutralité que le droit des gens commande aux peuples spectateurs d'une révolution, à moins qu'on ne veuille soutenir que cent hommes armés contre le gouvernement d'un pays qui renferme plusieurs millions d'hommes, forment un parti, et constituent leur pays en révolution ; et Dieu sait où nous menerait une pareille doctrine, si elle était adoptée : mais jamais elle ne le sera ; et tout ce qu'il y a d'hommes de bonne foi en Europe ne peut manquer de convenir avec nous que, dans le silence presque absolu que gardait l'Espagne, le gouvernement des Cortès a été jusqu'au moment de la guerre, ou tout au moins jusqu'au départ des ambassadeurs, le gouvernement *de fait et de droit* pour toute l'Europe.

Art. v. — *Les ventes de biens sont reconnues*, etc. Ce que je viens de dire tout à l'heure pour les emprunts peut ce me semble s'appliquer encore ici ; car si en voyant le silence que l'Espagne a

BIBLIOTHÈQUE ROYALE

gardé pendant si long-temps sur son gouvernement, l'Europe a pu se tromper sur les intentions
du peuple espagnol, et si elle a été obligée de
reconnaître par cette raison le gouvernement des
Cortès comme le gouvernement *de fait et de droit*,
plusieurs Espagnols n'ont-ils pas pu s'y tromper
comme elle? N'ont-ils pas dû considérer le gouvernement des Cortès comme le gouvernement
légal de l'Espagne, et lorsqu'ils l'ont vu faire sans
opposition tous les actes de la souveraineté, n'ont-
ils pas dû croire qu'ils pourraient contracter avec
lui sans danger? Ceux qui ont acheté des biens
nationaux sous le gouvernement des Cortès en
sont donc aujourd'hui bien légitimement propriétaires? Cette question ne me paraît pas pouvoir
faire l'ombre d'un doute; mais si la justice me dit
qu'on ne peut pas dépouiller les acquéreurs des
biens nationaux en Espagne, l'équité me dit aussi
que le gouvernement du Roi pourra très-bien, et
sans injustice, revenir à un certain point sur ces
ventes. Dans les principes du droit civil, lorsqu'un
propriétaire mal-aisé a vendu ses biens à vil prix,
et qu'il a éprouvé une lésion d'outre moitié, la
loi lui permet de faire annuler la vente; et je le
demande : ne serait-ce pas ici le cas d'appliquer
au droit public les principes du droit civil? Tous
ces biens vendus par le gouvernement des Cortès
n'ont-ils pas été vendus à vil prix, et si aujour-
d'hui le Roi remboursait aux acquéreurs de ces

biens ce qui leur en a coûté pour les acquérir, soit du gouvernement lui-même, soit d'un premier acquéreur, qui est-ce qui pourrait se plaindre (1)? Je propose donc de laisser au Roi pendant cinq ans la faculté de rentrer dans la propriété des biens nationaux, et si pour justifier cette proposition il fallait d'autres motifs, en voici encore un qui n'est pas sans importance. Dans tous les pays bien administrés, lorsque le gouvernement veut faire creuser un canal ou tracer une grande route ou exécuter toute autre entreprise utile, il peut s'emparer des propriétés particulières qui lui sont nécessaires pour l'exécution de ses projets, et lorsqu'il les a payées personne n'a le droit de se plaindre parce qu'il s'agit de choses d'utilité publique. Hé bien, ici ne s'agit-il pas aussi d'une chose d'utilité publique et d'un intérêt bien plus grand pour la nation que la confection d'une route ou d'un canal, ne s'agit-il pas de préparer

---

(1) Aux termes du droit civil un propriétaire mal-aisé aurait vendu pour cent mille francs une propriété qui en vaudrait trois cent mille, que la loi ne l'obligerait qu'à rendre cent mille francs pour rentrer dans sa propriété, alors même que le premier acquéreur, supposé de mauvaise foi par la loi, eût vendu deux cent mille francs la propriété en question, à un acquéreur de bonne foi; mais en politique il ne faut pas être si sévère : et c'est bien là surtout qu'on dit souvent et avec raison : *Summum jus, summa injuria.*

pour l'avenir la réconciliation de tous les partis ; et si tous les bons esprits pensent que le grand moyen de rétablir promptement l'ordre en Espagne, c'est de faire rentrer dans leurs biens les propriétaires dépossédés par les lois des Cortès, pourquoi n'admettrait-on pas la mesure que je propose (1)?

____

(1) Plût à Dieu qu'une pareille mesure eût pu être adoptée en France il y a neuf ans! mais, qui ne voit qu'elle y eût présenté des difficultés infinies? En Espagne, la révolution n'a subsisté que pendant trois. ans, et en France, elle subsistait depuis vingt-cinq ans; en Espagne, les biens nationaux sont aujourd'hui à un prix moins élevé encore que celui auquel ils ont été primitivement vendus, et en France, en 1814, ils avaient acquis, dans presque toutes les provinces, une valeur à peu près égale à celle des propriétés patrimoniales; en Espagne, les biens nationaux sont encore dans les mains de ceux qui les ont primitivement acquis, et ils forment des exploitations distinctes; mais en France, au bout de quelques années, ils ont presque tous changé de main, et les nouveaux propriétaires qui les avaient acquis à leur valeur, et qui voulaient rendre leur exploitation plus productive, les ont amalgamés avec leurs biens patrimoniaux, à tel point, qu'on ne pourrait plus les séparer aujourd'hui, sans faire éprouver à ces propriétaires un tort considérable qui nécessiterait encore une nouvelle indemnité; et enfin, pour donner une idée assez exacte des difficultés que pourrait présenter, en Espagne et en France, la restitution des biens nationaux aux frais de l'état, voici ce que je crois pouvoir dire : c'est qu'en Espagne cette opération ne coûtera guère plus de trois cents millions de francs, et qu'en France elle eût coûté plus de six milliards,

ART. VI. — *Dans les deux mois qui suivront sa délivrance, le Roi publiera la liste de tous les Espagnols qu'il jugera à propos d'éloigner du royaume, soit pour un temps limité, soit pour toujours,* etc. Me voici parvenu à l'article le plus important : et je le dis avec franchise, en m'éloignant également des doctrines que prèche une vengeance aveugle, et des insinuations d'une fausse philantropie, cet article est celui sur lequel je compte le plus pour la pacification de l'Espagne (1) En

---

en 1814 seulement; car aujourd'hui, elle en coûterait peut-être dix.

(1) On voit que je ne me suis point occupé ici de la question de droit, c'est-à-dire, de la question de savoir si un souverain peut avoir le droit d'exiler des hommes dont la culpabilité n'a point été reconnue par un jugement : mais, franchement, c'est que cette question ne peut pas faire de doute à mes yeux. Dans toutes les démocraties, où une grande liberté existe, et où par conséquent les partis sont dans un état perpétuel d'hostilité, je vois l'*ostracisme* établi; et on ne voudrait pas que les monarchies pussent user de ce grand moyen à la suite des révolutions qui les ont agitées et ébranlées jusque dans leurs fondements? Ah! cette mesure est trop favorable à la cause de l'humanité, pour que tous les bons esprits ne désirent pas la voir substituer partout aux jugements qu'osent rendre, à la suite des révolutions, tous ces hommes qui se précipitent dans le sanctuaire de la justice, avec un cœur tout brûlant encore de passions, et des mains encore teintes du sang de leurs concitoyens !

ce moment, comme je l'ai dit plus haut, les soldats de la révolution ne veulent point livrer leurs chefs ; ils demandent qu'on les épargne, en menaçant de persévérer dans leur rébellion, si on refuse d'accéder à leurs vœux ; et si, après les avoir amenés par la nécessité à se rendre sans condition, vous conduisiez, sous leurs yeux, leurs chefs à l'échafaud, n'espérez pas les ramener jamais de leur égarement, et craignez, au contraire, d'avoir bientôt encore des rebelles à punir parmi tous ces hommes qui ne se fieront jamais à vous. Mais s'ils voient que vous n'infligez aux plus coupables d'entre eux que la peine de l'exil, alors ils croiront réellement à votre indulgence ; et votre générosité provoquant la leur, ne craignez pas qu'ils continuent à entretenir des rapports criminels avec ces hommes qui les ont égarés. Car, comme je l'ai déja dit, ils ne restent en ce moment auprès d'eux que par honneur, par loyauté, pour ne point abandonner dans l'adversité ceux dont ils ont partagé la prospérité ; et, lorsque ce lien ne les unira plus, soyez persuadés qu'ils ne se rapprocheront jamais de ces hommes qui les ont égarés une fois, mais qui les ont trop mal conduits pendant la paix, et surtout pendant la guerre, pour pouvoir les égarer encore.

Art. vii. — *Tous les Espagnols qui ne seront point portés sur la liste mentionnée en l'article précédent ne pourront être recherchés sous aucun prétexte, à raison de leurs opinions ou actions postérieures au 1ᵉʳ janvier* 1820. Que la part de la justice soit faite sur le champ, et qu'ensuite le voile de l'oubli soit tiré sur toute l'Espagne; c'est, à mon avis, ce que commande une saine politique, et les deux mois d'inquiétude qu'auraient à passer tous ceux qui se sont compromis seraient, je crois, une peine assez forte.

Mais, me dit-on, il faut que justice soit faite, et, dans votre système, il n'y a aucun moyen de punir les hommes qui se sont rendus coupables des crimes les plus odieux, et il faudra donc laisser impunis ceux qui ont assassiné le chanoine Vinuesa, ceux qui ont assassiné le vénérable évêque de Vich, et tous ces hommes féroces qui, sans aucun motif, ont versé loin des combats le sang de leurs semblables?

Ah! sans doute, c'est un très-grand malheur qu'une pareille justice ne puisse pas être rendue, et ce serait un grand service à rendre à la cause de l'humanité, pour l'avenir, que de livrer à la sévérité des lois tous ceux qui ont exercé de lâches cruautés sur des prêtres, sur des vieillards, et en général sur tous les êtres sans défense, parce qu'on habituerait ainsi les peuples à respecter des sentiments que les égarements d'une révolution n'éteignent jamais dans les cœurs généreux. Mais, si vous ne voulez pas que l'effet soit manqué, il faut que votre justice soit égale pour tous, et si vous punissez comme assassins ceux qui ont fait mourir Vinuesa dans sa prison, il faut que vous punissiez aussi comme tels tous les furieux qui ont poignardé jusque sous nos yeux des hommes désarmés auxquels ils n'avaient à reprocher que leur exaltation politique : or, dans l'état où se trouve aujourd'hui l'Espagne, si on voulait punir tous les crimes commis par vengeance, où trouverait-on des témoins, où trouverait-on des juges qui sur ce point seraient assez innocents pour jeter la première pierre aux coupables ?

ART. VIII. — *Tous les officiers, sous-officiers et soldats qui voudront quitter le service, pourront se retirer dans leurs foyers.* Cet article est-il d'une bonne politique? Je le pense. Car s'il est utile, en thèse générale, qu'une armée qui a manqué à son devoir soit recomposée, il n'est pas nécessaire qu'elle le soit en entier. Que tous ceux qui voudront se retirer se retirent, et le nombre en sera grand, je pense; mais que ceux qui témoigneront le désir de rester sous les drapeaux puissent y rester : chez les uns ce sera une marque de repentir, et ceux-là mériteront quelques égards, chez les autres ce sera la voix de la nécessité qui leur fera faire cette demande, et s'ils ne méritent pas autant d'égards que les premiers, la prudence conseille au moins de les retenir sous le frein de la discipline militaire. Car, que feraient les Espagnols de tous ces hommes sans asile et sans aveu, qui peuvent se trouver aujourd'hui dans les rangs de leur armée? Ne vaut-il pas mieux les réunir sous les drapeaux, que de les lancer dans la société qu'ils ne manqueraient pas de troubler de la manière la plus funeste, comme cela est arrivé en Espagne, à la suite de toutes les guerres où on a réformé des soldats?

ART. IX. — Tous les soldats qui combattent encore pour le parti de la révolution, sont portés par honneur, et peut-être aussi par l'instinct de leur conservation, à ne point s'isoler dans ces derniers moments; et s'ils capitulent, à Cadix surtout, ils demanderont certainement des garanties pour les autres armées et pour tous leurs partisans; et pour nous, qui désirons délivrer promptement l'Espagne de tous les troubles qui l'affligent aujourd'hui, nous ne nous plaindrons point de cette disposition. Mais, me dira-t-on, pourquoi accorder un délai d'un mois pour la soumission des troupes qui combattraient encore pour les Cortès, après la capitulation de Cadix? C'est que, dans les temps de révolution, les hommes sont sujets à d'étranges égarements d'esprit, et qu'ils méconnaissent quelquefois la voix même de la plus impérieuse nécessité.

Que la capitulation de Cadix vienne à être con-
nue à Barcelone, ou dans quelque autre ville
dominée par le génie de la révolution, et je ne
serais pas du tout étonné que, dans les premiers
moments, cet évènement, tout décisif qu'il paraît, ne fût point capable de ramener les Espagnols à la raison; et si un fougueux orateur,
s'emparant de la tribune d'un club, cherchait à
exalter les esprits, je ne serais point étonné de
voir tout ce peuple égaré se préparer encore à la
défense contre toute espèce de raison. Aussi voilà
pourquoi je ne propose pas d'ôter tout espoir
d'accommodement aux villes assiégées, après une
première sommation; car, après cela, on ne pourrait se dispenser de les traiter comme rebelles,
suivant toute la rigueur des lois. A mon avis, il
vaut beaucoup mieux leur accorder un délai assez
long pour que les hommes les plus exaltés aient
le temps de se calmer, et je crois que l'espace d'un
mois paraîtra suffisant aux plus fougueux orateurs
de la révolution, pour faire toutes leurs déclara-
tions et protestations, comme ils n'y manqueront
pas sans doute.

Art. x. — *Le Roi de France se rend garant de
la présente capitulation*, etc. Le Roi de France
peut-il prendre un pareil engagement? D'après ce
que j'ai dit au commencement de cette discusion,
cela me semble tout-à-fait hors de doute, et en

effet si en se constituant le mandataire , le *negotiorum gestor* de Ferdinad VII , pour rétablir l'ordre
en Espagne , le Roi de France a acquis le droit de
faire les transactions qu'il jugera convenables , il
doit avoir aussi celui d'obliger Ferdinand à ratifier
tous les engagements qui seront pris en son nom,
pour la pacification de l'Espagne ; cela est de toute
évidence. Mais si la première partie de cet article
est licite , en est-il de même de la seconde où le
Roi de France promettrait d'employer tous ses
bons offices auprès du Roi d'Espagne pour l'engager à donner une constitution à ses peuples,
et le Roi de France doit-il faire une pareille promesse ? Pour moi je n'y vois aucun inconvénient,
et si l'armée qui traite avec nous demande cette
garantie, pourquoi la lui refuserait-on dans les
termes d'une simple promesse ? Assurément l'opinion du Roi de France est très-connue sur ce
point ; en toute occasion il a témoigné le désir de
voir le Roi, son parent, donner à son pays des institutions que réclament les besoins de ses peuples,
mais *qu'ils ne peuvent tenir que de lui,* et y a-t-il en
Europe un seul homme qui croie que le Roi de
France n'emploiera pas toute l'influence que lui
donne son expérience pour déterminer le Roi d'Espagne à donner à son pays, et à toute l'Europe
une garantie de repos comme celle-là ? Et qu'est-
ce que la promesse qui serait faite à cet égard
apprendrait à l'Europe ? Je pense donc qu'il

n'y a aucun inconvénient à la faire publique-
ment.

Jetons maintenant un coup d'œil en arrière, et
voyons à quel point est parvenue la discussion à
laquelle j'ai dû me livrer. J'ai prouvé que la France
avait le droit de prendre toutes les mesures, et de
faire toutes les transactions qu'elle jugerait propres à ramener la paix en Espagne ; j'ai proposé
une capitulation qui m'a paru propre à concilier
tous les intérêts, et à ramener un jour les Espagnols égarés dans la bonne voie ; et en examinant
successivement tous les articles dont elle se com-
pose, j'ai prouvé qu'ils ne renfermaient rien de
contraire à la justice, à l'honneur et aux principes
d'une politique amie de l'humanité, qui cherche
à unir les hommes et non à les diviser. J'ai donc
rempli ma tâche, et il ne me reste plus qu'à faire
des vœux pour que le Prince éclairé qui veille
aujourd'hui sur l'Espagne, ne rencontre pas de
trop grands obstacles dans l'accomplissement des
généreux desseins qu'il médite, et qui, je me plais
à le croire, ne sont point éloignés de ceux que
m'a dictés un cœur ami de l'humanité. Ah ! peut-
être en trouvera-t-il dans les vues de quelques
Espagnols exaltés, et peut-être que dans ce pays
où la religion, avec la toute-puissance qu'elle
exerce sur les ames, ne peut pas toujours parvenir à désarmer la vengeance, il rencontrera des
hommes qui ne voudront pas lui promettre tant

de modération envers leurs ennemis! Mais espérons que le spectacle de la religion éclairée qu'il professe, et des vertus que cette religion divine lui fait pratiquer, aura fait une grande impression sur les cœurs, et que tous les Espagnols généreux lui feront le sacrifice de leurs vengeances, sans qu'il soit obligé de le leur demander au nom de la reconnaissance, et comme le dédommagement de ce que la France a fait pour eux!

O Prince magnanime! si j'en crois mes espérances, bientôt vous aurez accompli le grand œuvre que la prévoyance du père des Français a confié à votre sagesse. Bientôt vous serez rendu à nos vœux, et si votre modestie vous empêche de parer votre tête de ces lauriers brillants que vous avez cueillis aux champs d'Ibérie, et que ne flétriront pas les larmes de l'humanité, il est un autre genre de gloire auquel votre modestie ne pourra vous soustraire; car lorsque vous nous apparaîtrez, entouré de tous ces hommes que vous avez sauvés de la fureur de leurs compatriotes, et que votre générosité sauvera encore du désespoir, sur une terre hospitalière pour les peuples comme pour les rois, un cri d'admiration s'élevera de toutes parts, et la France et l'Europe attendries vous décerneront un titre que bien peu de guerriers ont mérité, le titre de CONCILIATEUR!

FIN.

www.ingramcontent.com/pod-product-compliance
Lightning Source LLC
Chambersburg PA
CBHW061127050726
47594CB00005B/2126